글쓴이 양태석

1991년 월간 〈문학정신〉에 단편소설이 당선되었어요. 여러 출판사에서 편집장으로 일했고 지금은 소설과 동화를 쓰고 있어요.
그동안 쓴 책으로는 소설집 《다락방》과 동화집 《아빠의 수첩》《아빠의 꽃다발》《책으로 집을 지은 악어》《어린이를 위한 나눔》
《강물아 강물아 이야기를 내놓아라》《질문왕 비리비리 통통》《1318 행복을 공부합니다》 등 30여 권이 있어요.

그린이 김효진

한국예술종합학교와 영국 킹스턴 대학을 졸업하고 '보림창작그림책' 공모전과 '노마콩쿠르'에 입상했습니다.
짧은 이야기를 짓고 작은 그림들을 그리면서 그림책을 만들고 있습니다. 그림을 그린 책으로는 《톨스토이 할아버지네 헌책방》
《나랑 화장실에 갈 사람?》《마음아, 작아지지 마》《손으로 그려 봐야 우리 땅을 잘 알지》《평화를 꿈꾸는 곳 유엔으로 가자》 등이 있습니다.

명절은 어떤 날일까요?

1판 1쇄 인쇄 | 2013. 1. 23.
1판 10쇄 발행 | 2024. 8. 1.

양태석 글 | 김효진 그림

발행처 김영사 | 발행인 박강휘
편집 문자영 | 디자인 김순수
등록번호 제 406-2003-036 호 | 등록일자 1979. 5. 17. | 주소 경기도 파주시 문발로 197 (우 10881)
전화 마케팅부 031-955-3100 편집부 031-955-3113~20 | 팩스 031-955-3111

© 2013 양태석, 김효진
이 책의 저작권은 저자에게 있습니다. 저자와 출판사의 허락 없이 내용의 일부를 인용하거나
발췌하는 것을 금합니다.

값은 표지에 있습니다.
ISBN 978-89-349-6214-4 77380

좋은 독자가 좋은 책을 만듭니다. 김영사는 독자 여러분의 의견에 항상 귀 기울이고 있습니다.
전자우편 book@gimmyoung.com | 홈페이지 www.gimmyoungjr.com

|어린이제품 안전특별법에 의한 표시사항| 제품명 도서 제조년월일 2024년 8월 1일
제조사명 김영사 주소 10881 경기도 파주시 문발로 197 전화번호 031-955-3100 제조국명 대한민국
사용 연령 8세 이상 ⚠주의 책 모서리에 찍히거나 책장에 베이지 않게 조심하세요.

명절은 어떤 날일까요?

양태석 글 | 김효진 그림

주니어김영사

아이들이 세배를 하고 있어요.
오늘은 어떤 날일까요?

오늘은 음력 1월 1일, 설날이에요.
설날은 일 년 중 가장 큰 명절이에요.
설날에는 아침 일찍 일어나 예쁜 설빔을 입고
조상님께 차례를 지내요.
그리고 집안 어른들께 세배를 드리지요.

설날에는 윷놀이, 널뛰기, 연날리기, 제기차기, 팽이 돌리기 같은 민속놀이를 해요.

설날에는 온 가족이 둘러앉아 떡국을 먹어요.
떡국을 먹어야 나이를 한 살 더 먹고,
새해 행운도 찾아온답니다.

꼬마 아가씨가
땅콩과 호두를 먹고 있어요.
오늘은 어떤 날일까요?

오늘은 음력 1월 15일, 대보름이에요.
대보름은 한 해의 첫 보름날인 아주 중요한 명절이에요.
대보름에는 부럼을 깨무는 풍습이 있어요.
호두나 땅콩, 밤, 잣 등의 부럼을 깨물어 먹으면
한 해 동안 부스럼이 생기지 않고 이가 튼튼해진다고 해요.
그리고 모든 일이 잘 된다고 합니다.

또 대보름에는 달을 바라보며 소원을 빌어요.
"올해에는 우리 가족이 더욱 건강하고 행복하게 해 주세요."
이렇게 대보름에 소원을 빌면 소원이 잘 이루어진답니다.

대보름에는 오곡밥이나 약밥을 해 먹고,
여러 가지 나물을 무쳐 먹기도 해요.

대보름에는 달집태우기를 해요.
대나무로 기둥을 세우고
짚이나 솔가지를 덮어 달집을 만들지요.
그리고 달이 뜰 무렵 달집에 불을 붙여요.
달집이 끝까지 잘 타면 그해에 풍년이 든다고 해요.

아이들이 화전을 먹고 있어요.
오늘은 어떤 날일까요?

오늘은 음력 3월 3일, 삼짇날이에요.
삼짇날이 되면 날씨가 점점 따뜻해져서
강남에 갔던 제비가 돌아오고
산에 들에 꽃이 피기 시작해요.

삼짇날에는 진달래꽃을 따서
쌀가루에 반죽하여 화전을 부쳐 먹어요.
화전은 맛도 좋지만 진달래꽃이 붙어 있어 참 예쁘답니다.

옛날 사람들은 삼짇날이 되면 맛있는 음식을 장만하여
산이나 들로 나가 '화전놀이'를 즐겼어요.

삼짇날에는 나비를 보고 나비점을 치기도 해요.
옛날 사람들은 나비는 죽은 사람의 영혼이라고 생각했어요.
그래서 삼짇날 호랑나비나 노랑나비를 보면
좋은 일이 생긴다고 믿었지요.

아저씨들이 산소를 손질하고 있어요.
오늘은 어떤 날일까요?

오늘은 **한식**이에요.
한식은 양력으로 **4월 5~6일경**이에요.
24절기의 하나인 동지로부터 105일째 되는 날이 바로 한식이에요.

옛날부터 한식은 설날, 단오, 추석과 함께 4대 명절로 불렸어요.
한식에는 조상님의 산소를 찾아가 제사를 지내고,
잔디가 파인 곳은 잔디를 다시 입혀서 산소를 말끔하게 손질해요.

한식에는 조개와 된장으로 국물을 낸 쑥탕을 끓여 먹어요.
또 국수도 끓여 먹는데 이 국수를 '한식국수'라고 해요.

옛날에는 한식 전날인 '청명'에 새 불을 일으켜 임금님께 바쳤어요.
임금님은 이 불을 각 지방의 관청에 나누어 주고,
관청에서는 다시 백성에게 불을 나누어 주었지요.
이전에 쓰던 불을 끄고 새 불을 기다리는 동안은
밥을 지을 수가 없어서 찬밥을 먹어야 했어요.
여기에서 '한식'이란 말이 생겼답니다.

아주머니가 창포물에 머리를 감고 있어요.
오늘은 어떤 날일까요?

오늘은 음력 5월 5일, 단오예요.
단오는 4대 명절 중 하나로 불릴 만큼 큰 명절이에요.
'수리' 또는 '수릿날'이라고도 하지요.
단오에는 여러 가지 음식을 차려놓고 조상님께 단오 차례를 지내요.

단옷날에는 그네뛰기, 씨름, 탈춤, 사자춤 등의 민속놀이를 해요.
또 창포물에 머리를 감으면 머리카락에 윤이 나고
머리숱도 많아진다고 해요.
다가올 여름을 시원하게 잘 지내라고 부채를 주고받기도 하지요.

단오에 먹는 음식으로는
수리취를 넣어 만든 수리취떡과 쑥떡,
망개떡 등이 있어요.
또 단옷날 아침에는 이슬에 젖은 약쑥을 캐서
배가 아픈 사람에게 먹이기도 했어요.

아저씨들이 흥겨운 잔치를 벌였어요.
오늘은 어떤 날일까요?

오늘은 **음력 6월 15일, 유두**예요.
유두는 흐르는 물에 머리를 감는다는 뜻이에요.

유두가 되면 사람들은 갖가지 음식을 마련해서
맑은 시내나 산속 폭포를 찾아가 흐르는 물에 머리를 감아요.
그러면 일 년 동안 나쁜 일이 생기지 않고
더위도 먹지 않는답니다.

농촌에서는 농부들이 논이나 밭에 나가
농사를 도와주는 신에게 제사를 지내요.
이 제사를 농신제라고 해요.
농신제를 지내면 그해 풍년이 든다고 해요.

유두에는 특별한 풍습이 있어요.
구슬 모양으로 만든 밀가루 반죽에 오색 물을 들여서
3개씩 포개 색실로 꿰어 허리에 차는 풍습이에요.
이 구슬을 대문 위에 걸어 두기도 해요.
이렇게 하면 그해에 나쁜 일이 생기지 않는다고 해요.

견우와 직녀가 만났어요.
오늘은 어떤 날일까요?

오늘은 음력 7월 7일, 칠석이에요.
은하수 양쪽에 있는 별 견우성과 직녀성이 일 년에 한 번
만나는 날이에요.

견우와 직녀 이야기는
중국 한나라 때부터 전해지고 있어요.

옛날 아주머니들은 칠석날 직녀성을 보고
베를 잘 짜게 해달라고 기원했어요.
직녀가 베를 잘 짰기 때문에 직녀성에 기원을 한 거예요.
또 가정의 화목과 건강을 빌기도 했지요.

칠석날에는 신기하게도 비가 잘 내려요.
이 무렵에 내리는 비를 '칠석물'이라고 해요.

칠석날 저녁에 내리는 비는 견우와 직녀가
만나서 흘리는 기쁨의 눈물이에요.
다음 날 새벽에 내리는 비는
두 사람이 헤어지는 것을 슬퍼하는 눈물이랍니다.

아저씨들이 맛있는 음식을 두고
즐거워하고 있어요.

오늘은 어떤 날일까요?

오늘은 **음력 7월 15일, 백중**이에요.
옛날에는 백중이 되면 마을 사람들이 모여
맛있는 음식을 차려놓고 노래하고 춤추며 즐겁게 놀았어요.

머슴을 둔 집에서는 하루 동안 일을 쉬게 하고 술과 음식을 차려 주었어요.
특별히 농사가 잘된 집에서는 머슴을 소에 태워 마을을 한 바퀴 돌기도 했어요.
그래서 백중날을 '머슴날'이라고 불렀답니다.

백중에는 절에서 재를 올리기도 해요.
이때 올리는 재는 돌아가신 분이 극락으로 가서
행복하게 살도록 비는 재예요.
지금도 백중이 되면 절에서
돌아가신 분의 명복을 비는 재를 올린답니다.

엄마와 아이가 송편을 빚고 있어요.
오늘은 어떤 날일까요?

오늘은 음력 8월 15일, 추석이에요.
추석은 한가위, 중추절이라고도 하는데
예로부터 우리나라의 대표적인 명절 중 하나였어요.

추석에는 여러 가지 곡식과 과일이 풍성해요.
햅쌀로 송편을 빚고 햇과일 등 많은 음식을 준비하여
조상님께 정성껏 차례도 지내지요.
또 조상님의 산소를 찾아가 성묘도 한답니다.

추석에도 여러 가지 민속놀이를 해요.
여자들은 둥그런 보름달 아래 모여 강강술래를 하고,
남자들은 씨름, 거북놀이, 소먹이 놀이 등을 하지요.
이런 민속놀이에는 모두 풍년을 축하하는 뜻이 담겨 있답니다.

제비들이 따뜻한 강남으로 날아가요.
오늘은 어떤 날일까요?

오늘은 **음력 9월 9일, 중양절**이에요.
중양절에는 가을 하늘 높이 떠나가는 철새를 보며
한 해 농사를 수확하지요.

중양절에는 노란색 국화가 아름답게 핀답니다.
노란 국화로 국화전도 부치고 국화주도 담그지요.
옛날 선비들은 맛있는 음식과 국화주를 가지고
경치가 좋은 곳으로 가서 시도 짓고 그림도 그렸답니다.

중양절에는 화채를 만들어 먹어요.
배, 유자, 석류알, 잣을 잘게 썰어 꿀물에 탄 화채는
옛날 사람들이 즐겨 먹던 음료수예요.
이 화채를 놓고 조상님께 제사를 지내기도 했어요.

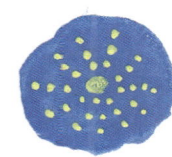

아이들이 잠을 못 자고 있어요.
오늘은 어떤 날일까요?

섣달그믐은 음력으로 한 해의 마지막 날이에요.
'섣달'은 한 해의 마지막 달이고, '그믐'은 그 달의 마지막 날이지요.

섣달그믐은 명절은 아니지만
한 해의 마지막 날이라 명절처럼 뜻깊은 날이에요.

섣달그믐에는 집을 깨끗이 청소하고
남은 밥과 반찬을 모아 비빔밥을 해 먹어요.
또 폭죽을 터트리며 놀기도 해요.
이날 폭죽을 터트리면 악귀가 폭죽 소리에 놀라 도망간다고 해요.
또 대궐에서는 한 해를 마감하는 대포를 쏘았답니다.

섣달그믐 밤에는 늦도록 잠을 자지 않아요.
새벽닭이 울기 전에 잠을 자면
눈썹이 하얗게 변한다는 말이 있기 때문이에요.
밤새 잠을 자지 않는 것을 '해지킴이'라고 한답니다.

명절은 이런 날이에요

명절은 왜 지낼까요?

명절은 예로부터 해마다 지켜 즐기는 날로 오랫동안 이어진 관습에 따라 생겨났어요.
설날, 추석, 대보름 등이 있는데 명일, 가일, 가절이라고도 하지요. 선조들이 명절을 정해 지낸 이유는
여러 가지가 있어요.

첫째, 조상에게 차례를 지내고 덕을 기리기 위해서예요. 특히 큰 명절로 꼽는 설, 한식, 추석에는
조상에게 차례를 지냈어요. 이때에는 명절이 되기 전에 미리 조상의 묘에 가서 벌초를 하고 성묘도 했지요.

둘째, 가족의 화목과 건강을 기원하기 위해서예요. 명절이 되면 가족들이 모여 명절 음식을 해 먹으면서
즐거운 시간을 보냈어요.

셋째, 이웃과 정을 나누며 살기 위해서예요. 음식을 나누어 먹고 씨름이나 그네뛰기 등 민속놀이를
이웃들과 모여 즐기다 보면 돈독한 정이 쌓이지요. 또 서로 덕담을 하며 행운을 빌어 주기도 했답니다.

넷째, 풍년을 기원하기 위해서예요. 농업이 나라의 중심이던 옛날에는 풍년을 기원하는
행사나 의식이 많았어요. 달집태우기, 줄다리기 등 민속놀이에도 풍년을 기원하거나 축하하는 의미가
담겨 있지요.

다섯째, 한 민족으로서 단결심을 기르고 나라의 평안을 빌기 위해서예요.
명절에 같은 음식을 먹고, 같은 민속놀이를 즐기다 보면 저절로 한 민족이라는 공동체 의식이
생기지요. 이것은 나라를 사랑하는 마음과, 나라의 평안을 비는
마음으로 이어졌답니다.

명절 날짜는 어떻게 정해졌을까요?

옛날에는 계절에 따라 좋은 날을 택하여 여러 가지 행사를 치렀어요.
그러다가 시간이 흐르면서 자연스럽게 명절로 정착되었지요.

명절은 양수가 겹친 날
우리 조상은 예로부터 1, 3, 5, 7, 9 같은 양수(홀수)가 겹친 날을 '길일'이라고 생각했어요.
길일이란 복되고 운이 좋은 날을 말해요. 요즘도 길일을 택해 이삿날을 잡거나 결혼식을 치르는 풍습이 남아 있지요.
양수가 겹친 날은 1월 1일, 3월 3일, 5월 5일, 7월 7일, 9월 9일이에요.
1월 1일은 설날, 3월 3일은 삼짇날, 5월 5일은 단오예요. 또 7월 7일은 칠석, 9월 9일은 중양절이지요.
이렇게 양수가 겹친 날은 모두 명절이에요. 물론 이 날짜는 모두 음력을 말한답니다.

명절은 보름달이 뜨는 날
우리 조상은 농사를 지으며 살았기 때문에 '달'을 아주 중요하게 생각했어요.
달력이 없던 옛날에는 달이 시간의 흐름을 알려 주는 기준이었어요. 초승달이 반달이 되고
다시 보름달로 바뀌는 것을 보고 날짜를 따져 농사를 짓는 데 참고했어요.
그래서 우리 조상은 보름달이 뜨는 음력 15일을 매우 좋아했어요.
보름달을 보고 소원을 빌고, 다양한 달맞이 행사를 벌이기도 했지요.
음력 1월 15일은 대보름, 6월 15일은 유두, 7월 15일은 백중, 8월 15일은 추석이에요.
이것만 보아도 보름달이 명절과 얼마나 중요한 관계인지 알 수 있을 거예요.

명절과 24절기는 어떻게 다를까요?

명절은 양수가 겹치는 날, 보름달이 뜨는 날을 택해 정했지만 24절기는 태양의 움직임에 따라 절기를 24개로 나누어 놓은 거예요. 달의 움직임만으로 계절을 따지면 잘 맞지 않기 때문에 태양을 기준으로 24절기를 만든 것이지요. 24절기를 활용하면 달의 움직임을 보고 농사를 짓는 것보다 더 정확히 날짜를 계산해 농사를 잘 지을 수 있답니다.

입춘 양력 2월 4일경
가장 빠른 절기로 봄이 시작되는 것을 알려 줘요. 봄을 맞이하여 좋은 운을 기원하며 벽이나 문에 '입춘대길(立春大吉)' 등의 글을 써서 붙였어요.

우수 양력 2월 18일경
비가 오고 얼음이 녹아 물이 되는 시기예요. 추운 날씨가 따뜻해지고 산과 들에 풀이 돋아나기 시작해요. '우수와 경칩에 대동강 물이 풀린다'는 말이 있어요.

경칩 양력 3월 5일경
개구리가 겨울잠에서 깨어날 정도로 날씨가 풀린다는 날이에요.

춘분 양력 3월 21일경
낮과 밤의 길이가 같은 날이에요. 농부들은 씨앗을 뿌릴 준비를 하지요.

청명 양력 4월 5일경
하늘이 맑고 밝아져 '청명'이라고 해요. 농부들이 봄일을 시작하는 때이지요.

곡우 양력 4월 20일경
봄비가 내려 땅의 온갖 곡식이 잘 자라는 시기예요. 농부는 못자리를 마련하는 등 농사일을 시작하지요.

입하 양력 5월 5일경
여름으로 접어드는 시기예요. 농작물이 자라 농사일이 바빠지지요.

소만 양력 5월 21일경
식물이 쑥쑥 자라고 날씨가 많이 따뜻해지는 시기예요. 지난해 가을에 심은 보리를 베느라 바빠요.

망종 양력 6월 6일경
논에 벼를 심고 밭갈이를 하는 시기예요. '보리는 망종 전에 베라'는 말이 있어요. 일 년 중 농사일이 가장 바쁜 때이지요.

하지 양력 6월 21일경
낮이 가장 길고 밤이 가장 짧은 날이에요. 모내기가 끝나고 장마가 시작돼요.

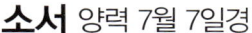

소서 양력 7월 7일경
본격적인 무더위가 시작돼요. 논밭의 잡초를 뽑느라 힘이 드는 시기예요.

대서 양력 7월 24일경
일 년 중 가장 무더운 시기예요. 수박과 참외가 맛있게 익고, 농부들은 잡초를 뽑느라 바쁘지요.

입추 양력 8월 8일경
무더운 여름철이 지나고 가을로 접어드는 시기예요. 낮에는 덥지만 밤에는 시원해요. 김장용 무, 배추 등의 채소를 심어요.

처서 양력 8월 23일경
여름이 지나가고 가을을 맞이하는 때예요. 조상의 묘를 벌초해요. 또 모기와 파리도 많이 줄어들지요.

백로 양력 9월 8일경
백로는 땅이나 풀잎에 하얀 이슬이 내리는 때라는 뜻이에요. 바쁜 농사일을 끝내고 추수를 기다리지요.

추분 양력 9월 23일경
춘분처럼 낮과 밤의 길이가 같은 날이에요. 이때는 그동안 심고 가꾼 오곡백과를 수확하지요.

한로 양력 10월 8일경
찬 이슬이 맺히는 시기예요. 날씨가 싸늘해져 단풍이 들고 국화가 피어납니다.

상강 양력 10월 23일경
밤 기온이 낮아져 서리가 내려요. 농작물이 얼어 죽을 수도 있기 때문에 서둘러 남은 농작물을 거두어들이지요.

입동 양력 11월 8일경
이때부터가 겨울로 접어드는 시기예요. 겨울에 먹을 김장 준비를 해요.

소설 양력 11월 22일경
살얼음이 얼기 시작해요. 찬바람이 불고 날씨도 추워져요.

대설 양력 12월 8일경
눈이 오는 시기예요. '대설에 눈이 많이 오면 다음 해에 농사가 잘 된다'는 말이 있어요.

동지 양력 12월 22일경
일 년 중 밤이 가장 길고 낮이 가장 짧은 날이에요. 동지에는 팥죽을 해 먹어요.

소한 양력 1월 6일경
날씨가 매우 추운 때예요. 다음 절기인 대한보다 더 추워서 '대한이 소한 집에 놀러가서 얼어죽었다'는 속담이 있어요.

대한 양력 1월 20일경
24절기 중 마지막 절기예요. 대한은 매우 춥다는 뜻이지만 우리나라에서는 소한이 더 추워요.

떡국 만들기

떡국은 맑은 장국에 가래떡을 얄팍하게 썰어 넣어 끓인 국이에요.
꿩고기나 닭고기, 쇠고기로 떡국 국물을 만들지요.

주재료
가래떡, 쇠고기

부재료
달걀, 다진 마늘, 대파, 다시마, 재래간장, 김 가루, 소금, 참기름, 깨

1. 냄비에 물을 부은 뒤 대파와 다시마를 넣고, 핏물을 뺀 쇠고기를 덩어리째 넣어 삶아요.

2. 쇠고기가 익으면 건져 내 적당한 크기로 자른 뒤 다시 넣어요.

3. 가래떡을 어슷한 둥근 모양으로 썰어 물에 씻은 뒤 냄비에 넣어요.

4. 한소끔 끓으면 달걀을 풀어 넣고, 어슷하게 썬 대파, 다진 마늘을 넣어요.

5. 재래간장과 소금으로 간을 맞춰요.

6. 참기름을 넣고 깨를 얹어 주면 완성되지요

송편 만들기

송편은 멥쌀가루를 반죽하여 팥, 콩, 밤, 녹두, 대추, 깨 등으로
소를 넣고 반달이나 모시조개 모양으로 빚은 떡이에요.
이렇게 빚은 떡을 찜통에 솔잎을 깔고 찌지요.

주재료
멥쌀가루

부재료
소로 쓸 재료(팥, 콩, 밤, 녹두, 대추, 깨 등 취향에 따라 준비), 설탕, 솔잎, 참기름

1. 멥쌀가루를 익반죽(끓는 물로 한 반죽)해요.

2. 삶은 팥이나 녹두, 깨 등을 으깨고 설탕을 섞어 소를 만들어요.

3. 반죽을 둥글게 빚어 가운데에 홈을 파고 소를 넣은 뒤 가장자리를 눌러 반달이나 모시조개 모양으로 다듬어요.

4. 찜통에 솔잎을 깐 뒤 송편을 넣고 쪄내요.

5. 쪄낸 송편이 서로 달라붙지 않게 참기름을 발라요.